大聖人の弟子・檀那である私達もこの御精神のもと、大聖人が、

「命限り有り、惜《お》しむべからず。遂《つい》に願ふべきは仏国なり」

（富木入道殿御返事・御書四八八）

と教示され、また第二祖日興上人が、

「未《いま》だ広宣流布せざる間は身命を捨てゝ随力弘通を致すべき事」

（日興遺誡置文《ゆいかいおきもん》・同一八八四）

と仰せられるように、自他共の幸せを祈って、生涯、折伏弘通に勤《いそ》しむことが肝要です。そこにこそ広大な功徳が具《そな》わるのであり、苦難を悠々《ゆうゆう》と乗り越えて、幸せな人生を歩むことができるのです。

この体験談集では、大聖人の御意《みこころ》を体して折伏に動き、その功徳に喜と感謝の日々を送られている方々のお話を掲載させていただきま

本書が皆様の信心を深め、折伏前進のきっかけとなれば幸いです。

伝えよう この信心の功徳を

―縁ある人々を正法に導いて―

「六壷 蓮華」画 佐伯教通

目次

収録した体験談は、『妙教』『大白法』に掲載されたものに加筆したもので、末尾に掲載号を記しました。

【引用文献略称】 御書 —— 平成新編日蓮大聖人御書（大石寺版）

「エホバの証人」の束縛から逃れ　歩み始めた幸せな人生

御本尊様に守られている実感、亡き両親の追善供養も叶う

法高寺信徒　上野　芳明

うえの　よしあき

昭和52年、エホバの証人の宗教二世として生まれる。妻との縁で御授戒を受け、現在は認証幹事として信心に励む。

私は現在、妻と共に法高寺支部の法華講員として信心活動をさせていただいております。本日は、私の入信に至る経緯と、妹を折伏したことについてお話しいたします。

「宗教二世」として過ごした子供時代

今、世間では宗教二世の問題が取り沙汰《ざた》されておりますが、かく言う私も「エホバの証人」（以下、省略してエホバ）の宗教二世信者でした。

父は私が生まれる少し前に入信し、エホバの組

織のなかで、地域のリーダーとして熱心に活動していました。

教義が厳格で、輸血が禁止ということを御存じの方も多いと思いますが、躾《しつけ》も厳しく、鞭《むち》で叩《たた》かれることもありました。

家庭で、子供時代にだれもが経験するお正月やお誕生会などの行事も行ってはいけませんでした。幼稚園や小学校に行っていたころ、参加してはいけない行事がある時は、教室の片隅《かたすみ》で読書をして時間をつぶしていました。もちろん私達兄妹も、誕生日を祝ってもらったことはありません。

週三回の勉強会があり、聖書の勉強や布教のノウハウも勉強するため、学校から帰宅後は、宿題と勉強会の事前予習で時間を取られます。週末は布教活動に連れていかれるため、部活にも入れず、友人との交流はほとんどできない状態でした。なぜなら、エホバ以外の交流は禁止だったからです。当然、異質な家族として、地域や学校で

御住職と共に

孤立《こりつ》、先生や同級生からのいじめも激しかったです。また、国歌・校歌斉唱で、歌うことすらしてはいけませんでした。

母は統合失調症《とうごうしっちょうしょう》で、病状に波がありました。服用している薬の影響で、家事を一切できない日も多く、そういう時には、父と私が分担して家事をこなしていました。

母の病状はよくなることがなく、悪化していくばかりでしたが、それでも父は、さらに熱心に宗教活動に没頭《ぼっとう》していきました。

高校二年生の時に、私も洗礼を受けました。

エホバでは布教活動を最優先し、月に六十時間の布教活動を行うように教えられておりましたが、学業のかたわら、これを行うのは困難だったため、大学進学を諦《あきら》めました。仕事に就《つ》く時も、活動時間を捻出《ねんしゅつ》できるよう、必要最低限の食い扶《ぶ》持《ち》を保つためのアルバイトをしながら布教活動をしていました。

エホバ信仰への疑問

高校卒業後、エホバの組織内で信者同士のいさかいが起き、そんな姿を見て、私は徐々にエホバの信仰に疑問を感じ始め、集会に出ることから遠ざかっていきました。

そんな折に祖父が亡くなり、先祖からの宗旨である真言宗《しんごん》で葬儀を行いました。エホバの信者である父は、祖父の位牌《いはい》に手を合わせることも、焼香《しょうこう》をすることもありませんでした。

自分の親が亡くなっても手を合わせることをしない姿に、さらにエホバの教義に対する疑問がふくらみました。

二十一歳の時、私は教義に反しているということを理由に排斥《はいせき》処分（除名処分。最も重い措置《そち》）を受けました。

父も、そのあとに起きた組織内のいざこざの影響もあり、地域のリーダーという立場を降り、エホバから少し距離を置くようになっていました。しかし、東日本大震災を機に、「聖書の予言通りだ」とエホバに戻ってしまいました。

父がエホバに戻る際に「おまえも戻らないか」と誘われましたが、私は「宗教はこりごり。束縛《そくばく》されたくないし、一切関わりたくない」と、きっぱり断りました。

震災前までは、父との関係は比較的良好でしたが、その後は疎遠《そえん》になり、親族で集まった時ですら無視される状況になりました。エホバでは、家族であっても排斥者に対しては、会話や接触が制限されるなど、規律が厳しかったからです。

法華講員である妻との出会い

平成二十年、縁あって法華講員の妻と結婚しました。お付き合いしている間に、それとなく法華講員であることは聞いていたのですが、エホバで宗教に懲《こ》りていたので、二人でいる時に宗教の話は避けていました。

挙式がいざ決まった際も、妻に「自身が信仰する分には反対はしない」と言ったものの、お寺に参詣することに、内心良い気分ではありませんでした。

そのころの私は派遣会社を通しての仕事だったので、「なんとか正社員の職に就きたい」と悩んでいました。そんな時に、たまたま知り合った人が神仏のことに詳しく、その人から、周りの人の意見をきちんと聞くことや視野を幅広くすることの重要性を指摘してもらい、エホバ以外の宗教についても教えてもらうことができました。

それまでの私はエホバ尽くしの環境で育ったため、それ以外の人との交流が苦手でしたが、このことを機に色々と見識を深めていくようになりました。そして、妻の信仰している日蓮正宗についても興味を持つようになりました。

義母から盂蘭盆会に誘われ法高寺に参詣

ある日、妻の母から「我が家のお墓は法高寺にあるので、今度、法高寺で奉修される盂蘭盆会《うらぼんえ》に参詣して、お墓も見てほしい」と言われました。

私が宗教に関わりたくないのを知っている妻は、気遣って「どうしても嫌なら、お墓参りだけでも」と言ってくれましたが、「百聞《ひゃくぶん》は一見にしかず」だと思い、一緒に盂蘭盆会に参詣しました。

その当時の御住職だった東羅浩道御尊師が、「本堂で読経・唱題をし、お焼香をしてからお墓参りをするんですよ」とおっしゃったのを聞いて、日蓮正宗というところは、筋《すじ》の通ったきちんとした宗教なんだなと初めて思いました。その後は、何度か彼岸会《ひがんえ》や盂蘭盆会に参詣するようになりました。

父とは疎遠でしたが、母と妻はお互い連絡を取り合っていました。

平成二十七年、母から妻に「芳明のお父さんが鬱《うつ》で入院することになった」と連絡がありました。私はそれを聞いて病院に行き、医師と話をしました。「お父さんは自殺願望があるため、このまま緊急入院となります」とのことでした。

父と面会すると、「今まで迷惑をかけてすまなかった」と、突然謝罪を受けました。少し戸惑いましたが、とにかく今は何も考えずに療養《りょうよう》するようにと言いました。

母の病状が悪化し、検査したところ脳梗塞《のうこうそく》が見つかって入院することになり、ダブル入院の状態になってしまいました。

亡くなった父母の追善供養を志《こころざ》して

三カ月の入院を経て父が先に退院し、次いで母も無事に退院できました。ひとまずほっとしたのも束《つか》の間、母の退院から二日後に、警察やエホバの知人から「自宅で両親が倒れている」と連絡を受け、何が何だか解らずパニック状態のまま、実家へ向かいました。

色々な検証が行われた結果、母が心臓発作《ほっさ》で亡くなり、その数時間後に父が自死した、との結論でした。

父はエホバの信者、私は組織から排斥された身です。葬儀をどのように行ったらよいのか判らず、葬儀社のアドバイスに従って宗教色のない形で行うことにしました。父と母を同時に見送るという、とてもつらい体験でした。

父は何十年もエホバを信仰してきたのに、仲間の信者はだれ一人、葬儀に来てはくれませんでした。

伯父《おじ》からは、「生前あんなに熱心にエホバをやっていたのに仲間も参列せず、ましてや自死するとは」と、長年信じてきたことが無意味だったと言われ、私はそれを聞いてとてもつらかったです。

両親の遺骨については、お墓がなかったため、いったん本家の墓に仮り置きさせてもらうことになりました。しかし、本家の菩提寺《ぼだいじ》でお葬式をしておらず、のちのちもめるのではないか等、色々と不安を抱いていました。

両親の追善供養について妻と話していた時、日蓮正宗では塔婆《とうば》供養ができること、先祖を供養することの大切さを教えてくれました。御住職に御相談したところ、「奥さんの名前でなら塔婆供養ができますが、あなたは御授戒を受けていないので、あなたを願主としてお塔婆を建立することはできないんですよ。塔婆を建立するのであれば、御授戒を受けて入信しませんか」とのお話でした。

妻の両親と共に何度かお寺に参詣していました

が、再び特定の宗教に入ることだけはどうしても抵抗があり、なかなか踏ん切りがつきませんでした。

そして平成三十年六月、妻の叔母《おば》の一周忌法要が行われた際、御住職から「そろそろ御授戒を受けませんか」と言われました。

お墓建立の願いが成就

一瞬の抵抗を感じはしましたが、何度かお寺で法要などの様子を見てきて、この宗教なら安心できるのではないかと思い、また、何より両親の追善供養をきちんとしたいという思いもあって、素直に受けることにしました。

御授戒を受けて日蓮正宗の法華講員となったことで、自分もお墓を建てて供養したいという気持ちが強まり、御住職に御相談しました。すると、「本家に話をして筋を通すのであれば、お墓を建ててもいいですよ」と言われ、早速、本家の伯父夫婦に話しました。

伯父は「無理にお金をかけてお墓を建てなくて

御聖誕800年慶祝総登山にて

も、追善供養はできるのではないか」と言ってくれましたが、私が日蓮正宗に帰依《きえ》した経緯《けいい》と、きちんと両親の追善供養をしていきたいという思いを心を込めて伝えたところ、了承が得られました。

伯父夫婦誘い納骨
そして妹を折伏

お墓を建てるに当たって、妹にも相談しました。

妹も、両親の追善供養が疎《おろそ》かになっていることを気にしていたようで、私の気持ちをよく理解して、快《こころよ》く賛成してくれました。あとから聞いた話ですが、あれほど懲りていた私が、まさか再び何かを信じる気になるとは思っていなかったので、たいへん驚いたとのことでした。

令和二年七月、無事にお墓を建立し、次に両親のお骨を納めることとなりました。

納骨の際に、伯父夫婦が初めて法高寺に来てくださり、本堂や庭、墓地などを見て、「きれいなお寺でしっかりしている。これで安心できるね」と好印象を持ち、私のこともたいへん褒《ほ》めてくれました。

私は両親の追善供養を妹と一緒にしたいと思い、八月の盂蘭盆会に誘いましたが、直前に妹の

地方部総会で発表する上野さん

体調が悪くなったため、法要に参加できませんでした。

しかし、その日の夕方、体調が快復《かいふく》した様子だったので「お墓参りだけでもしよう」と再度誘い、一緒にお寺に行きました。

初めに本堂に入り、妹に「御本尊様にお題目を唱えてからお墓参りをするんだよ」と、かつて御住職から伺《うかが》ったことを話していた時、御住職が本堂に入ってこられ、妹に話し掛けてくださいました。

すると妹が、仕事がうまくいかず精神的に悪い状態であること、兄と同様に両親をきちんと追善供養していきたいことなどを話しました。

御住職は入信を勧《すす》めてくださいましたが、妹も以前の私と同じように、信仰への抵抗を感じていました。

今まで、神社仏閣《ぶっかく》に行って願い事をしたり守り札《ふだ》や御朱印《しゅいん》を集めたりしても、何もよくならないし、何より幼少期のエホバのいやな思い出があり、熱心に信仰する気になれないと、ためらっていたようでした。

私は妹に「自分もこの信心について、まだよく解っているわけではないけど、御本尊様に守られていると感じるよ」と言いました。

また、御住職は「焦《あせ》らず、徐々にやっていけばいいんだよ」とおっしゃり、妹はその言葉を聞いて安心したようで、ようやく入信を決意し、無事に御授戒を受けることができました。

妹と感激の登山 勤行・唱題の実践

令和三年十一月二十三日、支部の方に誘われて、妹と一緒に添書《てんしょ》登山をさせていただきました。妹と私の家族とで本門戒壇《ほんもんかいだん》の大御本尊様にお目通り申し上げ、感謝の気持ちでいっぱいになりました。優しく守られているように感じ、自然と涙があふれてきました。

この御登山を機に、それまでペーパードライバーで車を持っていなかった妹ですが、今後は自分一人でも寺院参詣やお墓参りができるように車を購入したいと願っていたところ、とてもよい条件で中古車を購入できました。お寺で毎日行われている唱題会に、妹も仕事が休みの日に参加しています。

現在の御住職である大島道英御尊師にもお気遣いをいただき、妹はなんでも御相談しているようで、精神的にだいぶ落ち着き、穏《おだ》やかになってきました。

私も妹も、幼少期からエホバに束縛《そくばく》された生活をしていたので、当時のトラウマから極端に周りの目を気にし、人一倍神経質になることがありました。入信してから朝夕《ちょうせき》の勤行と唱題行を毎日実践していくなかで、少しずつよくなっていることを実感しています。

正法を信仰できる喜びと感謝を胸に

本年（令和五年）四月十六日には、宗祖日蓮大聖人御聖誕《せいたん》八百年慶祝記念総登山に、妹と一緒に参詣できました。大慶事の年に一緒に参詣できる喜びと感謝でいっぱいになりました。

これからも御本尊様を信じ、御住職の御指導をいただきながら、妻共々、精いっぱい頑張っていきます。妻と出会わなかったら、正しい信仰を知ることも入信することもできず、つらいことを乗り越えることもできなかったと思います。

なお、伯父と伯母は、昨年十二月に行った両親の七回忌にも、秋季彼岸会にも法高寺に参詣し、一緒にお墓参りもしてくれました。私達兄妹のことを気に掛けてくれる伯父夫婦に、これから折伏をして恩返しをしていきたいと思います。

（大白法・令和5年10月16日号）

涙が出るほど嬉しかった、友達の御授戒

一緒に信心がしたい！

経王寺信徒

高祖　鈴太郎

こうそ　りんたろう

平成26年1月に生まれ、生後2週間で御授戒を受ける。毎月の御講参詣や唱題会、鼓笛隊の活動に励んでいる。

ぼくは信心をしている家に生まれて、すぐに御授戒を受けました。

御授戒を受けてから、毎日のように経王寺に連れていってもらって、御僧侶さんに遊んでいただき、たくさんの楽しい思い出があります。三歳の時に、歩いてお寺に通《かよ》える所に引っ越すことができたので、とてもうれしかったです。

学校の友達に信心を伝える

一年生になって、同じクラスの斉藤光留《ひかる》君と友達になりました。そして光留君に、お題目を唱え

ていることを話して、「読めない漢字があるから、お母さんに読んでもらってね」と、パンフレットを渡しました。

パンフレットを渡した理由は、すごく仲がよい友達だから、大好きなお寺でも遊びたいなあと思ったのと、自分みたいに御本尊様に南無妙法蓮華経と唱えて、守られてほしかったからです。

光留君と遊ぶのが楽しくて、家でも遊べるように、お母さんにラインをつないでもらいました。おかげでもっと仲よくなりました。

お母さん同士も仲よくなって、「クリスマスはどうするの？」と聞かれて、ぼくのお母さんが「うちはクリスマスをしないよ」と答えると、光留君のお母さんが不思議そうな顔をしたので、なんでクリスマスをしないのか、ぼくのお母さんが話しました。

そのことがきっかけで、信仰について色々質問をしてくれたので、ぼくのお母さんは信心の話を少しずつすることができて、信心の本を渡して「御住職様のお話を聞きに行こう」と、お寺に連れていくことができました。

念願の折伏成就
一緒にお寺に行ける嬉しさ

そして、二年生になる前の春休みに、光留君のお母さんが御授戒を受けることができました。

光留君は、まず光留君のお母さんが信心をして、お父さんにちゃんと話をして、お父さんが納得したら御授戒を受けることになりました。

御本尊様の御安置も勧めていましたが、なかなかうまくいかず、光留君達はお寺にあまり行けない日が続き、お母さん同士もあまり会えなくなってしまいました。ぼくは、お家に遊びに行った時は時々、光留君のお母さんに「一緒にお寺に行こう」と誘いましたが、なかなか一緒に行けませんでした。それでもぼくは、自分の好きな信心の本

少年部大会で発表する鈴太郎君

をコピーして、「また一緒にお寺に行きたい」という気持ちを込めて渡したり、御住職様に、光留君の名前を書いた折伏御祈念願いを出したりしました。

　すると、少しずつ光留君のお母さんがお寺に通えるようになっていきました。そして、お母さん同士もまた会えるようになってきて、光留君のお母さんとぼくのお母さんで、添書《てんしょ》登山に行けるようになりました。登山の時に光留君のお母さんは、光留君と光留君のお父さんも、一緒に信心ができるように御祈念していたそうです。そして、去年の十月十二日に御本尊様の御安置ができました。ぼくは、とても感動しました。

　そして、御安置から一カ月後の十一月十二日、ついに光留君と光留君のお父さんが、御授戒を受けることができました。

御授戒の時に、四年間ずっと頑張って御祈念してきたことがかなって、涙が出るほどうれしかったです。そして、ぼくの家族と光留君の家族みんなで、慶祝記念総登山に参加することもできました。

光留君の家族は入信してから、毎月のお講や唱題会、朝夕の勤行など、毎日のようにお寺に参詣しています。

家族と協力して、光留君の家族全員に正しい信心を教えることができたので、これが御住職様がいつも教えてくれる、異体同心なのかなあと思いました。

今日は、その光留君と一緒に少年部大会に参加しています。

これからは、光留君と一緒に、学校の友達をたくさん折伏していきたいと思います。

これで発表を終わります。

ありがとうございました。

（大白法・令和6年8月16日号）

御住職と斉藤さん親子と共に

家族、親族、縁ある人達とこの信心を

広布のお役に立てることに感謝

仏覚寺信徒　大塚　繁

おおつか　しげる

昭和７年生まれ。入信以来60年、この間総代等の支部要職を歴任。子供・孫・曽孫全員が入信し、折伏育成、法統相続の手本となる。

皆さん、こんにちは。仏覚寺支部の大塚繁です。

私は、三十歳の時に入信をしてから六十年になります。六十年の長い間には色々な苦労がありましたが、今の幸せな境界《きょうがい》を思う時、本当に御本尊様に感謝の思いでいっぱいです。

広布の祈りによって人生が変わった

思えば入信当時、目先の小さな望みばかり祈っておりました。しかし、何年か夢中で信心をしていくなかで、日蓮大聖人様の仏法の深さや偉大《いだい》さを知り、この尊く有り難い信心を真剣にやらせていただこうと思うようになりました。

多くは望まず、ただ信心活動をするために、健康で元気であること。そして経済的にゆとりのある境界になるようにと思うようになりました。

特に信心活動をするなかで、時間の大切さに気付きました。仕事で思うような動きができない、いわゆる時間貧乏《びんぼう》です。これらを克服しながら頑張っていこうと思い、まず心構えとして「広宣流布《こうせんるふ》のお役に立てる人間にならせてください」と、朝夕《ちょうせき》の勤行・唱題において御祈念《きねん》するように変わっていきました。その気持ちは、今も変わらず現在に至っております。

以前、大阪で会社を経営しておりましたが、常に順風満帆《じゅんぷうまんぱん》ではありませんでした。倒産寸前《すんぜん》にまで追い詰められた時もありましたが、苦労のなかで何度も助けられ、「私にはまだまだ広布への使

大塚さん家族と御住職

命があるのだ」と実感いたしました。

親族をはじめ、縁ある人を正法に

私の折伏、法統《ほっとう》相続への熱い思いの根本は、長年の信心のなかで体得した御本尊様への絶対の確信であり、その強い確信は、どんなことがあっても大事な子や孫、曽孫、家族一統、さらに縁ある方々を必ず入信させなければ、という強い思いであります。

そうして、まず子供である長女は私達夫婦と共に入信し、長男は出生と同時に御授戒を賜《たまわ》りました。それぞれが成人し結婚、そのお嫁《よめ》さん、お婿《むこ》さんを折伏し、御授戒をいただき、御本尊様の御下付を賜り、御安置させていただいております。

長男・長女には、それぞれ二人の子供がおります。私にとっては孫に当たりますが、四人とも出生と同時に御授戒をいただきました。その四人の孫のうち、長男の子供二人も結婚してお嫁さんの御授戒を賜り、一昨年と昨年に曽孫が出生し、無事に御授戒をいただくことができました。

ただ、長男が残念にも離婚しましたが、その後再婚し、そのお嫁さんも御授戒をいただくことができました。

また、二十年ほど気になっておりました長男の前妻さんも、孫を通して何回か会ううちに「また信心をさせなければ」と思う気持ちが強くなり、長女と協力しながら真剣に祈り、話し合うなかで無事に勧誡《かんかい》を受け、御本尊様の御下付も賜り、無事自宅に御安置させていただくことができました。

その前妻さんも長く一人で生活しておりましたが、再婚することになり、本人、孫、長女、私と皆で折伏し、お婿さんも御授戒をいただくことができました。

曽孫の御授戒の折には、孫のお嫁さんの御両親との折り合いなど、細かい心配りで乗りきり、快《こころよ》く一緒に仏覚寺に参詣してくださいました。この素敵な御両親も必ず折伏し、日蓮正宗に導きたく思っております。

私は、コロナ禍《か》のなかであっても、御本尊様の御加護を賜り、孫の結婚や曽孫の出生などで家族一統を折伏・法統相続を成就することができました。今は愛らしい小さな法華講員ですが、成人して立派な法華講員になってくれることを願っております。

亡き妻と歩んできた信心

このように幸せな仲の良い家族の絆《きずな》の上に、また一つ大きな信心の絆で結ばれた私達の今を思う時、今は亡き家内のことを思い起こします。

私よりひと月早く、創価学会ではありましたが入信した家内は、すべてをかけて私を正法に導き、勤行を教え、会合やお寺に連れて行ってくれました。仕事で遅く帰って勤行をしようとすると、家内は勤行を終えているはずなのに、また一緒に勤行し、誤りがあれば優しく正してくれました。

またその日、教わってきたことを私に次々と話してくる家内を、まだ信心が浅かった当時の私は、煩《わずら》わしく思ったこともありましたが、この信心で幸せな家庭を築こうと懸命に頑張る家内に、やがて尊敬と感謝の気持ちも生まれてきました。

私にも少し信心のことが解ってきますと、家内を安心させるためもありましたが、時間の許す限り活動するようになってきました。あのころの家内の嬉しそうな顔は、今も思い浮かびます。

そして二人三脚、入信四カ月にして初めて役職を拝命し、二人で頑張ってまいりました。

入信以来、また、学会を脱会して法華講員になってからも、役職のない時は一時《いっとき》もなく現在に至っております。役職は大変ですが、自分を育てるとともに「広宣流布のお役に立てる」一つの道だと思っております。

思えば平成三年、幸いにも学会を脱会後、初代御住職の合原御尊師と共に、謗法の限りを尽くす学会と真正面から対峙《たいじ》し、臆《おく》することなく破邪顕《はじゃけん》正《しょう》の折伏に全魂を込めて戦ったことは今も誇《ほこ》らしく、そして懐《なつ》かしく思い起こされます。

私の生涯の前半は、神道《しんとう》を根本精神とした軍国主義のもと勝利を信じて戦わされたあげく、敗戦という憂《う》き目に遭い、また成人しては創価学会に入会し、真剣に頑張っておりましたが、大聖人様の仏法とは異なる大謗法の教団に成り下がり、破門という現実に、二度の大きな挫折《ざせつ》を味わいました。希望と信頼が大きければ大きいほど、挫折感も大きかったのであります。

そんななか、仏覚寺所属の一婦人から再折伏を受け、初代御住職様の勧誡をお受けできたことは、長い迷走の人生から正しい道を進む、正しい信心のできる私の帰命依止《きみょうえし》の道場にたどり着いた瞬間であったと思います。

人生で最も得難い幸運でありました。

そして初代御住職様、尾身現御住職様の御指導のもと、折伏に、菩提寺外護《ぼだいじげご》にと講中一丸となって精進《しょうじん》し、現在に至っております。

家内がいなかったら、家内の献身的な折伏がなかったら、おそらく私はこの正法に縁することなく、念仏あたりの害毒で次々と襲い来る障魔《しょうま》に冒《おか》される毎日であったかと思うと、身の毛もよだつ恐ろしさです。亡き家内には、「ありがとう」の気持ちでいっぱいです。

そんな家内に感謝の思いを込めて、帰命依止の道場であり、菩提寺である仏覚寺の納骨堂に「永久納骨」と「永代回向《えこう》」を、私が生きているうちにお願いさせていただきました。

昨年、仏覚寺創立四十周年記念事業として納骨堂前に建立された三師塔のもとに、今は御三師様の大きな御慈悲に包まれながら安らかに休んでいることと確信しております。

孫達もそれぞれ希望の職に就《つ》き、頑張ってくれています。

これからも、信心根本に

孫の一人は、家を建てるために土地を購入し、六月から工事が始まるため、先日、御住職様にお願いして地形式《じぎょう》（地鎮祭）を厳粛に執《と》り行っていただきました。七月には孫に子供が生まれ、未来は希望に満ち、輝いております。

その兄孫も、中古物件ですが、広い敷地付きの家を購入することになり、間もなく最終的な契約をすることになっています。私の使命として、二人の孫とも御本尊様を御下付賜り、新居に御安置でき

三師塔建立開眼法要の砌（創立 40 周年・大塚さんは御信徒先頭）

るよう必ず指導してまいります。

また、長女の二人の子供は、毎月家族で御講に参詣させていただき、真面目《まじめ》に信心をしております。

まだまだこの子達にすべきことは、たくさんあります。そして、下種先・折伏対象者はたくさんおります。

魔に負けることなく、積極的に行動を起こし、また原点に戻って下種折伏を行じさせていただきます。

思えば、苦労も数えきれずありましたが、今は家族一統での寺院参詣を実践し、三月には宗祖日蓮大聖人御聖誕《せいたん》八百年慶祝記念総登山にも一族そろって参詣させていただき、一同で歓喜、幸せをかみしめてまいりました。

御法主日如上人猊下様の御指南のもと、

「月々日々につより給へ。すこしもたゆむ心あらば魔たよりをうべし」

（聖人御難事・御書一三九七）

また、

「一生空《むな》しく過ごして万歳悔《く》ゆること勿《なか》れ」

（富木殿御書・同一一六九）

の御金言を常に心肝《しんかん》に染め、宗祖日蓮大聖人様の御遺命《ゆいめい》である広宣流布をさせていただく使命は、私達法華講員の一身にかかっていると肝《きも》に銘《めい》じ、御住職様の御指導を受けきって、元気いっぱい頑張っていくことをお誓いし、体験発表に代えさせていただきます。

御清聴、有り難うございました。

（妙教・令和5年9月号）

御本尊様に守られて

浄願寺信徒　平元　澄子

ひらもと　すみこ

御主人作成のエクセルの書式を駆使し、支部会計として御奉公中。近所に住む息子夫婦と共に信仰に励む。

皆さん、こんにちは。浄願寺支部の平元澄子と申します。

私は平成二十六年三月に息子の折伏で御授戒を受けさせていただきました。今回は、息子夫婦の手助けをもらいながら、十年かかって主人の折伏が叶《かな》ったお話をさせていただきます。

邪宗教を辞め　まずは自分が正法に

日蓮正宗に入信するまで、私達夫婦は浄土宗の寺と立正佼成会《りっしょうこうせいかい》に入っていました。日蓮正宗のことは一足早く入信していた息子から聞いたり、たまに浄願寺にも主人と一緒に連れていってもらいましたが、そのころは、信仰はそれぞれが好きなようにすればいいという安易な気持ちでおりました。主人はそのころ、既《すで》に肺気腫《はいきしゅ》を患《わずら》っており、さらに前立腺《ぜんりつせん》肥大の手術も受けていました。

そのようなか、平成二十五年五月に息子夫婦と北海道旅行に行き、小樽《おたる》の妙照寺様に参詣させてもらった時のことです。坂道やちょっとした階段を上るのも大変だった主人が、二階の本堂への長い階段を何事もなかったようにスーッと上がって行き、苦しがることもなく普通にしている姿を見た時に、初めて御本尊様の偉大さを実感しました。

帰ってきてから主人にそのことを話したら、主人もそう言えば苦しくなかったと話していました。老いては子に従えとの言葉もありますが、息子からずっと勧《すす》められてもいましたし、この出来事をきっかけに、入信させていただきたいと思うようになりました。

ただ、せっかくなら夫婦そろって入信したいと思い、主人に北海道のお寺での出来事など色々と話し、一緒に入信させてもらいましょうと言い続けました。しかし一年近く経ってもなかなか良い返事をもらえないので、このままではいけないと思い、私だけ先に入信する決意をし、翌年に御授戒をお受けしました。

それからは、お寺での朝夕《ちょうせき》の勤行やお経日、御講など色々な行

北海道にて

事に参詣させていただくようになり、ますます素晴らしい御本尊様だと感じるようになりました。どうしてもっと早く入信しなかったのだろうと悔《く》やむ気持ちも起き、今では信心をすることが嬉しくて、参詣時は少し早めにお寺に行き、廊下や玄関の掃除をさせていただいたりもしています。

入信をためらう間に主人の病は進む

入信以来、御住職から折伏の大切さを教えていただいていましたので、私も息子夫婦も、機会があるたびに主人にお寺での出来事や御住職の説法の内容を話したり、総本山へ御登山させてもらった時の話をしたりしました。また御住職からも、折に触れ話をしてもらうこともあったのですが、主人はニコニコと笑顔を返しながらも、なかなか首を縦に振ってくれません。

主人は日蓮正宗の信心が嫌なわけではなく、自分から、お寺での説法はどんな話だったか、今日は何人くらい参詣に来ていたのかなど聞いてきたり、さらに私が五年前に妹を折伏した時は、自分は未入信なのに、「日蓮正宗は良いよ」と言ってくれるほどでした。なぜそこまで良いと解っていながら浄土宗を離れたがらないのかを聞くと、「育ての母親にお世話になった恩があるから、その母が信仰していた浄土宗を自分の代までは信仰したい」と話してくれたのです。

逆に恩を感じるのならば、なおさらのことで、このままでは育ての母は苦しむだけだということと、正しい信仰でしか成仏できないことを話しました。ですが、それでも入信するとは言ってくれませんでした。

そうこうしているうちに肺気腫の症状が重くなり、酸素ボンベなしでは生活できないようになり、苦しさが日に日に増してきました。このような状況ですので、入信して正しい信仰をしていけば必ず良い方向に変わってくるからと、何度も何度も息子夫婦や私が説得し、時には喧嘩《けんか》のようになったこともありましたが、それでも主人は頑《かたく》なに拒《こば》むばかりでした。そのうち今度は狭心症も併《へい》発《はっ》し、心臓にステント（狭くなった血管を広げる役割を持つ器具）を入れるまでになってしまいました。

やっと叶った主人の入信

だんだん病気も増え、介護も必要になってくると、とうとう昨年の暮れには前立腺からの出血が続く状態になりました。それを見たお嫁さんが息子に、「お父さんを折伏しないと、大変なことになるよ」と背中を押してくれ、息子が我が家に来て、涙ながらに言いました。

「今まではお父さんの言うことを聞いていたけど、もう待てない。間違った信仰をしているから病気もどんどん進んでいるのに、これ以上見過ご

念願だった自宅開催の座談会

すことはできない。お父さんが苦しんでいる姿を見たくないし親孝行をしたいから、僕と一緒に正しい宗教である日蓮正宗を信仰してほしい。そして一日でも長生きしてほしい」と、長時間にわたって話をしてくれました。私も「私が気持ちよく介護できるためにも入信してください」と言い、親子三人で話をするうち、主人にようやく私や息子の思いが通じたのか、「解った。悪いようにはしないから」と、すごく微妙ではありますが、それまでよりは前向きな返事をしてくれました。

とは言ってもすぐには入信せず、結局そのまま年が明けて、今年（令和五年）一月十三日には再度多量の出血がありました。医療センターに

お会式にて

緊急入院となり、色々処置をしてもらいましたが出血が止まらず、手術をすることになりました。そこまでになってようやく、息子や私との電話のやりとりのなかで、自分の口ではっきり、入信すると約束してくれました。

御住職にそれまでの経過と、主人が入信すると言ってくれたことなどをお話ししました。その上で当病平癒《とうびょうへいゆ》の御祈念をしていただけませんかとお願いしたところ、快《こころよ》く受けていただきました。本当に感謝の気持ちでいっぱいでした。そして、主人の折伏には御住職様にも御尽力いただいていましたので、主人がやっと入信の決意をしてくれたと報告できたことを、非常にうれしく思いました。

御本尊様と御住職のおかげで無事手術も終わり、出血も止まって退院できました。あとで看護師さんから聞いたのですが、主人の担当医は泌尿器科《ひにょうきか》で一番腕の良い先生で、麻酔科の先生もトップの方が担当してくださったそうです。以前から、御住職より「法華経を信ずる者は、良い縁に恵まれる」と伺《うかが》っていましたし、手術前に肺気腫や狭心症があるので大変な手術になりますと説明を受けていただけに、改めて御本尊様はすごいと思いました。主人が入信を決意してくれていなかったら、このように良い方向には進まなかったと心底思うと同時に、もっと早く入信していたら、こんなに大変な目に遭わなくてもよかったものを、とも思いました。

そして退院後の二月十八日、お嫁さんのお母様の法事に併《あわ》せて、主人の御授戒を無事に受けさせ

ていただきました。御授戒の間、私と息子はやっとこの日を迎えた嬉しさで涙が止まりませんでした。主人は肉親の縁に薄い人で、お母さんは主人を出産して八十日で他界され、お父さんは終戦一カ月前に戦死されていますので、叔母夫婦に育てられました。それだけに、入信して親先祖の供養をさせてもらわないといけないのに、主人はできていませんでしたので、気がかりでした。

しかし、ようやく塔婆《とうば》供養や御供養も主人と一緒にできますし、病院に通院する時は、主人は玄関先で車中からでしたが、夫婦でお参りさせていただくことができるようになり、本当に嬉しく安堵《あんど》しました。また主人は、ことあるごとに私に「ありがとう」と言ってくれ、毎日大変でしたが、楽しく介護できました。

そんな主人はその後、六センチもの大きな腹部動脈瘤《どうみゃくりゅう》を抱えていることが判り、残念ながら体力的に全身麻酔ができないため、手術はできないと言われました。しかしこれまでと違って御本尊様がついてくださっていますので、このような時こそ信心だと思い、主人にも息が苦しい時は心の中でも、とにかくお題目を唱えるよう言いました。

主人は信心を始めるのが遅かったですし、その分、罪障も多く残っているというか、これからようやく罪障消滅をさせていただくスタートラインに立ったのですから、二人で頑張って乗り越えていきたいと決意を新たにしました。

信心根本の御利益が現れる

そして六月五日、長年の夢が叶って、我が家に無事、御本尊様をお迎えさせていただくことができました。すると主人の病状にも少し変化が見られ、食欲も湧《わ》いてきました。しかし、入仏式から十日程経った時、主人があまりにも息苦しさを訴えるので急遽《きゅうきょ》、病院に行くと入院となり、精密検査の結果、肺高血圧症と判りました。

実は今までも同じような症状があったのですが、検査をしてもらうことはありませんでした。今回、担当医の転勤により医師が替わり、精密検査をしてもらったことで病気が判りました。さらに、全国でもあまりない血中酸素濃度を上げる機械が偶然にも病院に導入されたばかりで、主人が初めて使用させてもらうことになりました。これも御本尊様のおかげです。本当にすごいと思いました。

在宅での介護は無理かもと先生から言われたのですが、主人が家に帰りたいと願っていましたので、八月一日に退院となり自宅で介護するようにしました。御本尊様が見守っていてくださるので私に不安はありませんでしたが、ベッドの上での生活で、月二回の先生の往診、週二回の訪問看護、週一回の訪問入浴と、色々とたくさんの方の手を借りながらの生活を送りました。

そんな時、十一月の支部総登山の話がありました。私は当初、主人の介護があるので御登山は無理と思っていたのですが、どうしても御登山をさせてもらいたいという気持ちが日に日に強くなり、娘に相談しました。娘は、支部総登山の日に予定が入っているけれども、それが後日にははっきりするとのことでした。主人の体調が安定して御登山できますようにと一生懸命に唱題しました。すると娘の予定がキャンセルになって御登山できることになり、主人は付《つけ》御開扉をお願いし、私は無事御登山させていただきました。

その後、段々と寒くなり、主人の身体的に在宅では厳しくなってきたので、寒い間だけでも入院しましょうと先生から勧められました。主人は家が良い様子でしたが、十二月六日に入院が決まりました。この決定も、ほかに大勢の希望者があるなかでの特別の配慮で、この時も御本尊様に感謝しました。

御本尊に守られ　穏やかな最期

入院までは、県外にいる孫が友人の結婚式のついでに立ち寄ってくれたり、長らく会えていなかった友人や親戚も来てくれました。入院二日前にも急に体調が悪くなり、血中酸素が上がらなかったため、看護師に来ていただき、子供達や近くの孫も駆けつけてくれました。皆の顔を見たら安心したのか呼吸が落ち着き、ホッとしました。

入院前日は昔なじみの床屋の友人に散髪をしてもらったり訪問入浴をしたりし、さっぱりして翌朝入院しました。入院直後から色々な検査を受けたあと休んでいたので、私と息子はまた面会に来る約束をして帰宅しました。

午後からも元気そうに電話で、昼食をおいしくいただいたと私や娘と電話で話をして、変わりない様子でしたので安心していたら、夕方五時前に容態急変との連絡を受け、急いで病院へ駆けつけましたが間に合わず、既《すで》に息を引き取っていました。

しかし主人を見ると、まるで何事もなくスヤスヤと眠っているようで、声を掛けたら起きるのではないかと思うほど、穏やかで安《やす》らかな顔をしていました。

その後、家に連れて帰ってからも主人の身体はいつまでも温かいままでした。先生が、肺疾患の人は亡くなる時は普通、苦しんで亡くなるのですが、平元さんは穏やかにスーッと逝《い》かれましたと話をしてくださいました。

つくづく私達は御本尊様に守られていたのだと思い、感謝しかありませんでした。そして、枕経《まくらぎょう》に来ていただいた御住職から、御主人は死後の手続き等の面倒を家族に掛けないよう、亡くなるためだけに入院されたんでしょうねと言われ、本当にそうだなと御本尊様の御加護に感謝しました。

1951年時的父親

龍 秀 雅（1924.9.8－2021.1.29）
生於台灣省臺中縣石岡鄉，1974年歸化日本。舊姓劉。13歲時去日本留學。福岡經理専門學校（現福岡大学）畢業。和「入江美智子」結婚。生有二女，取名「秀美」和「節代」。他的愛好是吹口琴。

枯菊花

龍 秀 美

1948年生於日本佐賀縣，父親劉秀雅，母親美智子。1974年歸化日本。翌年初次來到父親的故鄉台灣台中県豊原鄉。從那時起，開始以台灣爲主題創作詩歌。2000年以第二本詩集『TAIWAN』榮獲日本現代詩人協會第50回Ｈ氏賞。第３本詩集『父音』入圍第19届小野十三郎獎。她的其他作品有『詩集　花象譚』（詩学社）、編著『一丸章全詩集』（海鳥社）、『龍秀美詩集 TAIWAN（中文版）』（花乱社）。令和６年度（2024年）獲得地域文化功勞者文部科學大臣的表揚。

E-mail：bananacookie0@gmail.com

石 其 琳

1950年生於台灣。國立台灣大學中文系畢業。日本九州大學文學部中國文學系碩士。同博士後期課程修了後，長年擔任日本筑紫女學園大學文學部教授。退休後，現為該校「名譽教授」。著書有《現代亞洲華文微型小說的世界》（中國書店）、《土地與靈魂（譯著）》（中國書店）等。

［詩畫集］**寫我的父親——述説一個患失智症老人的故事**

❖

2025年３月15日　第１版発行

❖

著　者　龍 秀 美
譯　者　石 其 琳
編　輯　合同會社花乱社
〒810-0001　福岡市中央区天神 5-5-8-5D
電話 092（781）7550　FAX 092（781）7555
http://www.karansha.com
印刷・裝訂　株式會社トータル・プルーフ
ISBN978-4-911429-04-4